Das didaktische Konzept zu **Sonne, Mond und Sterne** wurde mit Prof. Dr. Manfred Wespel, Pädagogische Hochschule Schwäbisch Gmünd, entwickelt.

Beim Druck dieses Produkts wurde durch den innovativen Einsatz der Kraft-Wärme-Kopplung im Vergleich zum herkömmlichen Energieeinsatz bis zu 52% weniger CO_2 emittiert. *Dr. Schorb, ifeu.Institut*

MIX
Papier aus verantwor-
tungsvollen Quellen
FSC® C011124

© Verlag Friedrich Oetinger GmbH, Hamburg 2011
Titelbild und farbige Illustrationen von Betina Gotzen-Beek
Reproduktion: Zieneke PrePrint, Hamburg
Druck und Bindung: Mohn media · Mohndruck GmbH, Gütersloh
Printed 2011
ISBN 978-3-7891-0726-9

www.oetinger.de

Anja Fröhlich

Linn und Linus

Eine spannende Nachtwanderung

Bilder von
Betina Gotzen-Beek

Verlag Friedrich Oetinger · Hamburg

Inhalt

Ein echter Pechtag

Und das alles nur, weil ich Linn heiße! Dabei
würde ich viel lieber Lena oder Leonie heißen
oder meinetwegen auch Clara. So einen
richtigen Mädchennamen hätte ich gerne.
Keinen Namen, der mittendrin aufhört. Linn
hört sich an, als wäre meinen Eltern kein gutes
Ende für mich eingefallen.
Nur weil ich Linn heiße, muss ich jetzt neben
dem Neuen in unserer Klasse sitzen!
Aber der Reihe nach.

Am Montag nach den Ferien stehen zwei neue Kinder neben unserer Klassenlehrerin Frau Erbse. Eines von ihnen ist ein Junge mit einem Waveboard unter dem Arm. Frau Erbse hat ihre Hand mit dem dicken Silberring auf seiner Schulter abgelegt.

„Tja, wo könnte der liebe Linus denn mal sitzen?", fragt sie.

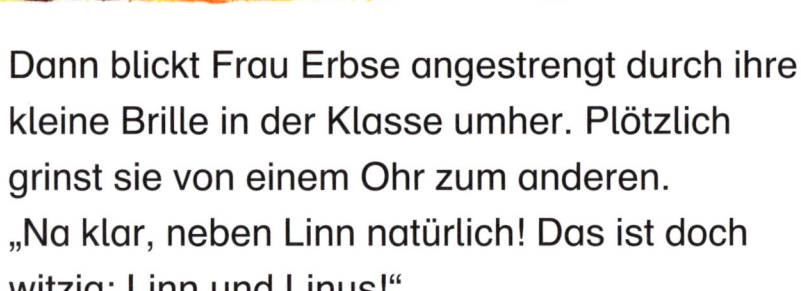

Dann blickt Frau Erbse angestrengt durch ihre kleine Brille in der Klasse umher. Plötzlich grinst sie von einem Ohr zum anderen.

„Na klar, neben Linn natürlich! Das ist doch witzig: Linn und Linus!"

Alle lachen, und Leander hinter mir singt
mit fieser Stimme: „Linn und Linus! Linn und
Linus!" Katinka küsst sogar ein paarmal in
die Luft und macht dabei die Augen zu wie in
einem Liebesfilm.

Ich finde das gar nicht witzig. Im Gegenteil! Ich
finde das ober-unwitzig! Mein Hals wird ganz
dick vor Wut. Er fühlt sich an, als hätte ich eine
Kröte verschluckt.

Linus schlurft zu dem leeren Platz an meiner
Seite. Er wirft seine Sachen unter den Tisch
und sagt: „Hi!"

Ich sage gar nichts, schon allein wegen der
Kröte.

Doch damit nicht genug, es kommt noch schlimmer!

Nun wendet sich Frau Erbse dem zweiten neuen Kind zu, das neben ihr steht.

Das ist ein Mädchen. Eine Art Prinzessin mit goldenen Locken, die bis zum Po reichen.

„So, und das hier ist Nelly", erklärt Frau Erbse. „Nelly kann auf dem leeren Platz neben Stella sitzen."

Waaaas? Ich kann es nicht glauben. Ich soll neben einem fremden Jungen sitzen und die Neue kommt neben meine beste Freundin!

Der Platz ist nur frei, weil ich im letzten Schuljahr weggesetzt wurde. Stella und ich hatten angeblich zu viel gequatscht im Unterricht.

Und jetzt sitzt Prinzessin Goldhaar da.

Und Stella lächelt sie auch noch an. Die beiden beginnen zu tuscheln, so wie Stella und ich früher immer getuschelt haben.

Die Kröte in meinem Hals wird immer dicker.

Ich muss weggucken, damit ich nicht zu weinen beginne.

8

Darum gucke ich zu Linus rüber. Er hat
Sommersprossen auf der Nase, wie ich.
Dafür hat er aber nicht meine orangefarbenen
Cockerspaniel-Locken, sondern fransige
blonde Haare. Eigentlich sieht Linus ganz nett
aus. Aber das hilft mir jetzt auch nicht weiter.
Einer seiner Turnschuhe ist offen. Ich könnte
ihm sagen, dass er ihn sich mal zubinden
soll. Aber ich nehme mir vor, nicht mit Linus
zu reden. Dann sehen die anderen, dass wir
kein verliebtes Paar sind. Und dann hören sie
vielleicht auf, blöde Witze zu machen.

In der Stunde sprechen wir über den Wald. Wir zählen alle Pflanzen und Tiere auf, die es in unseren Wäldern gibt. Linus meldet sich. Er behauptet, dass es in Deutschland jetzt auch wieder Wölfe gibt.

Frau Erbse nickt ganz aufgeregt.

„Der Wolf war ja lange Zeit ausgestorben bei uns", sagt sie. „Aber jetzt ist er wieder da, wenn auch sehr vereinzelt!"

Stella erzählt, dass sie schon mal ein Wildschwein gesehen hat.

Nelly schaut Stella bewundernd an. Nelly hat riesige blaue Augen und noch riesigere schwarze Wimpern.

Ich sehe auch zu Stella rüber. Aber von mir
erntet sie einen bösen Blick. Weil wir das
Wildschwein nämlich zusammen gesehen
haben. Genau genommen war ich diejenige,
die es entdeckt hat. Aber davon sagt Stella
kein Wort.

In der Pause gehe ich wie immer mit Stella zu
unserem Lieblingsbaum. Da lehnen wir uns an
den dicken Stamm und tauschen Sticker für
unser Stickeralbum.
Nelly läuft einfach hinter uns her.
„Darf ich mal dein Album sehen?", fragt sie
Stella.

„Na klar!", antwortet meine beste Freundin. Sie zeigt Nelly nicht nur ihr Album, sie schenkt ihr auch noch fast alle ihre Doppelten.

„Hier, dann kannst du auch mitsammeln und wir können später tauschen!", sagt sie.

„Danke!", antwortet Nelly und guckt Stella wieder mit ihrem Anhimmel-Blick an.

Die Kröte in meinem Hals ist kurz vor dem Platzen. Ich versuche schnell, ans Wochen-ende zu denken. Da ist Stellas Geburtstag. Sie macht eine Übernachtungsparty mit Schatzsuche in der Dämmerung. Eine Art Nachtwanderung also. Das wird bestimmt spannend.

Und dann bin ich wieder die einzige beste Freundin von Stella. Da gibt es keine Nelly. Und auch keinen Linus, der fast so heißt wie ich.

Gar nicht nett

Am Nachmittag muss ich daran denken, wie
ich Linus und Nelly wieder loswerden kann.
Als Hausaufgabe sollen wir einen Wald mit
möglichst vielen Tieren und Pflanzen malen.
Ich male ganz viele Fliegenpilze, die so richtig
schön giftig aussehen.
Als ich fast fertig bin damit, steht meine Mutter
mit dem Telefon in der Tür.
„Da ist ein gewisser Linus für dich, Linni-Maus",
sagt sie und zwinkert mir zu.
Das Blut schießt mir in den Kopf. Ich werde
bestimmt genauso rot wie die Fliegenpilze auf
meinem Bild.

„Was will *der* denn von mir?", flüstere ich.
Mama zuckt mit den Schultern. Sie reicht
mir das Telefon und geht rückwärts aus dem
Zimmer. Dabei reißt sie die Augen auf und legt
den Finger auf den Mund. Als hätte ich mit
Linus Geheimnisse zu besprechen! Als wären
Linus und ich Freunde!
„Hallo?", frage ich mit zittriger Stimme.
„Hi, hier ist Linus."
Ich kann es immer noch nicht fassen. Mein
Mund wird ganz trocken. Linus hat eine
ziemlich merkwürdige Stimme. Vielleicht ist er
ja genauso aufgeregt wie ich.
„Was willst du?", frage ich.

Da höre ich jemanden lachen. Es ist aber kein Jungen-Lachen, sondern ein albernes Mädchen-Lachen. Es ist das Lachen von Stella!

„Hallo, Linn", prustet sie. „Ich hab nicht gedacht, dass du auf meine verstellte Stimme reinfällst."

„Sehr witzig!", gifte ich Stella an.

Da hört sie auf zu lachen. „Das war doch nur ein Spaß", meint sie. Und: „Linus ist doch ganz nett, findest du nicht?"

„Keine Ahnung, wie der ist. Hab ich noch nicht drüber nachgedacht", behaupte ich. Und irgendwie stimmt das sogar. Ich habe immer nur darüber nachgedacht, was die anderen über Linus und mich denken.

„Also, *ich* finde ihn nett.
Ich habe ihn gefragt, ob
er zu meinem Geburtstag kommt", sagt Stella.
„Du hast waaaas?", frage ich.
„Ich habe ihn zu meiner Party eingeladen",
erklärt sie seelenruhig. So, als wäre es das
Normalste von der Welt, einen fremden
Jungen zum Geburtstag einzuladen.
„Aber warum? Das ist doch total doof!",
platzt es aus mir heraus.
Stella sagt erst einmal nichts.
Dann erklärt sie: „Na ja, weil ich
Nelly auch eingeladen habe.
Und ich wollte genauso
viele Jungen wie Mädchen
einladen. Ich dachte, du
magst Linus."
In dem Moment höre ich

16

die Stimme von Stellas Mutter im Hintergrund. Stella muss aufhören zu telefonieren und sich fertig machen zum Reiten.

Ich hingegen sitze da und kann das alles nicht fassen. Vor lauter Wut zerschneide ich das Bild mit den Fliegenpilzen und schmeiße es in die Ecke.

Später male ich ein neues Bild, ein ganz schwarzes. Ich rubbele mit dem schwarzen Wachsmaler so lange über das Blatt, bis kein Fleckchen Weiß mehr zu sehen ist. Der Wald bei Nacht. Bei rabenschwarzer Nacht!

Die restliche Woche vergeht ziemlich langsam.
In der Klasse reden alle immer nur über die
beiden Neuen. Vor allem über Linus!
„Wenn ich mit einem Jungen befreundet sein
müsste, dann würde ich Linus nehmen",
behauptet Lisa.
Und Helena erzählt: „Er hat mich vorgestern
auf der Stange von seinem Rennrad durch den
Park gefahren."
Na toll!
Besonders, wenn Linus morgens mit seinem
Waveboard angerollt kommt, fangen sie alle
an zu schwärmen.
„Hast du gesehen, wie er das Board mit dem
Fuß in die Luft kickt? Und wie er es dann mit
der Hand auffängt?", fragt Nelly mich in der
Pause.
Ja, ich habe es gesehen! Aber ich verdrehe nur
die Augen.

Am Freitag findet Mama, dass es höchste Zeit
wird, ein Geschenk für Stella zu besorgen.
Wir kaufen ihr ein Piratenkostüm. Ich habe
nämlich schon eines und Stella hat mich
immer darum beneidet.
Eigentlich ist das Geschenk viel zu groß und
zu toll für einen Kindergeburtstag. Aber Mama
findet, der besten Freundin kann man ruhig
mal etwas ganz Besonderes schenken.

Über das „beste Freundin" muss ich noch
ein bisschen nachdenken. Und dabei wächst
sofort wieder die Kröte in meinem Hals.
In dem Kostümladen gibt es auch Scherz-
Artikel. Ich suche noch ein paar lustige
Geburtstagskerzen für Stellas Torte aus.

Auf der Packung steht: „Achtung! Nicht
ausblasbar! Diese Kerzen entzünden sich
nach dem Ausblasen wie von Geisterhand
selbst wieder!"

Krokodilaugen

Ich schlafe schon am Freitag bei Stella. So können wir an ihrem Geburtstag zusammen aufwachen.

Nach dem Frühstück darf Stella Geschenke auspacken. Sie bekommt ein Einrad, eine Schmetterlingsfarm mit echten Raupen und jede Menge Hörbücher.

Dann packt sie mein Piratenkostüm aus.

Sie freut sich fast so doll darüber wie über das Einrad.

Ich habe mein Kostüm ebenfalls mitgebracht und wir verkleiden uns.

Den Vormittag verbringen wir in Stellas
Zimmer, malen uns Bärte, mümmeln Kekse,
hören CDs und hopsen ein bisschen auf der
Gäste-Matratze herum.
Später bereiten wir noch ein Spiel für die Party
vor. Es heißt „Fühl doch mal!". Dafür stecken
wir ekelige Sachen in Plastiktüten. Stellas
Gäste sollen später dort hineingreifen und
raten, was sie fühlen:
Geschälte Weintrauben, die sich anfühlen wie
Augen. Kalte Spaghetti in Öl vom Vortag, die
einem wie Würmer durch die Hände flutschen.
Oder ein paar Stücke Stinkekäse. Die haben
wir extra in Zehenform geschnitten. So denkt
man, sie stammen von echten Käsefüßen.

Der Tag mit Stella ist so schön, dass ich Linus und Nelly ganz vergesse. Ich bin fast überrascht, als sie mit den anderen Gästen vor der Tür stehen. Und ich nehme mir vor, mich nicht mehr zu ärgern.

Zur Begrüßung müssen alle in die Tüten mit den Käsefuß-Zehen und den Krokodilaugen fassen und raten, was das ist.

Leonie erkennt als Erste die Spaghetti. Und Linus schnüffelt grinsend an der Käsefuß-Tüte. „Den Käse kenne ich. Den kauft mein Vater immer. Er verpestet damit den ganzen Kühlschrank!", ruft er und verzieht die Nase, dass seine Sommersprossen ganz durcheinandergeraten.

Nur die Krokodilaugen bleiben Stellas und
mein Geheimnis. Wir klatschen uns die Hände
ab und verraten niemandem ein Sterbens-
wörtchen.

„Das sind wirklich Augen", behauptet Stella.
„Die haben wir gestern beim Metzger geholt.
Ich weiß aber nicht, von welchem Tier sie
stammen."

Alle schreien „Iiiiiiiih!" und wollen sich plötzlich
ganz schnell die Hände waschen.

Stella zeigt ihnen das Bad. Eine super
Gelegenheit für mich, die Kerzen auf der
Geburtstagstorte auszutauschen. Die Scherz-
kerzen sehen genauso aus wie die echten
Kerzen!

Als wir später ins Esszimmer kommen, zündet
Stellas Mutter die Kerzen an.

„Ich schaffe alle auf einmal!", behauptet Stella
und holt ganz tief Luft. Dann pustet sie so
lange, bis ihr Gesicht knallrot wird. Aber die
Kerzen lodern immer wieder auf. Stella
versucht es ein zweites Mal. Dann wird sie

richtig wütend. „Was sind das denn für blöde
Kerzen?!", flucht sie.
„Das sind doch nur Spaßkerzen", erkläre ich
schnell. „Ich habe sie heimlich auf die Torte
gesteckt."
Die anderen lachen, und nun versuchen sie
alle zusammen, die Kerzen auszublasen.
Stella sagt nichts mehr. Aber ich merke, dass
sie meinen Spaß nicht so richtig witzig findet.
Na ja. Ich fand es schließlich auch nicht witzig,
als sie mit verstellter Stimme bei mir angerufen
hat. Dann sind wir ja jetzt quitt.

Orangentanzen

Beim Kuchenessen sitze ich dann links neben
Stella und Nelly sitzt rechts von ihr.
Stella redet viel mehr mit Nelly als mit mir.
Als Stellas Mama ankündigt, wir würden jetzt
Orangentanzen spielen, ruft sie: „Au ja! Es
muss immer ein Mädchen mit einem Jungen
tanzen."
Dabei hat Stella bei diesem Spiel bisher
immer mit *mir* getanzt. Wir sind Orangentanz-
Weltmeisterinnen!

Wir stehen alle da und kichern. Und keiner
von uns traut sich, jemand anderen zum Tanz
aufzufordern.
Der Einzige, der nicht verlegen im Zimmer
herumsteht, ist Linus. „Gute Idee", meint er und
kommt auf mich zu. Alle Blicke folgen ihm.
Es ist mucksmäuschenstill, als Linus mich
fragt: „Sollen wir zusammen tanzen?"
Noch bevor ich überhaupt antworten kann,
geht das Gejohle schon los. Louis pfeift auf

zwei Fingern und ein paar andere klatschen und grölen wie bei einem Fußballspiel. Linus tut so, als würde er das gar nicht hören. Er wartet auch keine Antwort ab. Er stellt sich einfach neben mich.

Nach und nach finden sich auch die anderen zu Paaren zusammen. Das Spiel kann losgehen.

Das Schlimme ist: Jedes Paar tanzt einzeln vor. Und die anderen schauen dabei zu. Man bekommt eine große Orange, die man sich zwischen die Stirn klemmen soll.

Dann macht Stellas Mama die Musik an,
und wir müssen versuchen, die Orange beim
Tanzen nicht zu verlieren.
Linus und ich sind als Zweites dran. Linus legt
seine Hände um meine Hüfte und ich lege
meine Hände auf seine Schultern.
So haben Stella und ich das auch immer
gemacht. Doch mit Linus ist es ganz anders.
Er drückt seine Stirn viel zu fest gegen die
Orange und damit gegen meine Stirn. Ich muss
richtig stark zurückdrücken, damit ich nicht
umfalle.
„Nicht so doll!", fahre ich ihn an. Doch in dem
Moment flutscht die Orange auch schon auf
den Boden.

Und dann passiert die große Katastrophe:
Linus landet mit seinem Gesicht genau auf
meinem. Sein Mund berührt sogar meine
Lippen.
Ich werde auf der Stelle so rot wie zehn
Fliegenpilze zusammen.
„Pass doch auf, du Trottel!", rufe ich.
Aber Linus lacht nur, genau wie die anderen.
Lisa ruft: „Verliebtes Paar, küsst euch mal!"
Ich sehe Lisa mit dem bösesten Blick an, der
mir je gelungen ist. Sie hört vor Schreck auf zu
lachen. Aber die anderen johlen einfach weiter.
„Tut mir leid, nur sieben Sekunden", sagt
Stellas Mama. „Jetzt sind Mia und Kai dran!"

Mia und Kai schaffen dreiundfünfzig Sekunden.
Ungefähr so lange brauche ich auch, um
wieder eine normale Gesichtsfarbe zu
bekommen.

Als Stella dann an der Reihe ist, steht plötzlich
Nelly neben mir.

„Findest du Linus doof?", flüstert sie mir ins
Ohr.

Am liebsten würde ich antworten: „Ja, genauso
doof wie dich!" Aber das traue ich mich nicht.
Stattdessen zucke ich mit den Schultern.

„Ich finde ihn eigentlich ganz nett!", sagt Nelly.

„Wir können Frau Erbse ja mal vorschlagen,
dass *du* neben Linus sitzt", antworte ich.

Jetzt zuckt Nelly mit den Schultern. „Weiß
nicht", sagt sie.

Schatzsuche mit Waldschrat

Nach dem Abendessen kommt Stellas Papa
ins Zimmer. Er sagt, er habe draußen im Wald
einen unheimlichen Typen getroffen. Einen
echten Waldschrat mit einem Bart, der ihm bis
zu den Siebenmeilenstiefeln reiche. Und dieser
Typ habe ganz viele Schätze versteckt.
„Der war echt gruselig", behauptet Stellas
Papa und macht ganz große Augen. „Und
ich meine, er hätte euch einen Brief auf den
Gartentisch gelegt."
Wir rasen mit unseren Taschenlampen in den
Garten. Stellas Mama ruft noch schnell „Keiner
verlässt die Gruppe!", da hat sich Stella auch
schon den Brief geschnappt.

Sie liest ihn vor:

*„Ihr miesen kleinen Mausezwerge, jetzt habt
ihr doch den Brief gefunden. Grrrr!!!
Aber die Schätze im Wald werdet ihr nie
finden. Weil ihr Fliegenfurze vorher höllisch
schwere Aufgaben lösen müsst. Das schafft
ihr nie! Die Suche beginnt bei der großen
Kastanie.*

Viel Spaß, ihr Nichtskönner!"

Wir laufen aufgeregt aus dem Gartentor,
direkt in Richtung Wald. Die Bäume, Büsche
und Wege haben in der Dämmerung schon
fast ihre Farbe verloren. Nur da, wo unsere
Taschenlampen kleine Kreise hinstrahlen, wird
die Welt wieder bunt. An der Kastanie beginnt
der breite Waldweg.

Stella und ich sind ganz vorne bei Stellas
Mutter. Doch schon nach kurzer Zeit taucht
Nelly neben Stella auf. Und neben mir geht
plötzlich Linus.

Da findet er auch schon einen Brief an einem
Baum. Der Brief ist auf einen abgebrochenen
Ast aufgespießt. Dahinter hängt ein kleiner
schwarzer Beutel, den man in der Dämmerung
fast nicht mehr erkennen kann.

Linus liest den Brief vor:

„Na, ihr Schwächlinge!
Baut eine Menschen-Pyramide und haltet sie
ein ganzes elendiges Kinderlied lang.
Wer das singt? Ihr natürlich!

Macht euch so richtig lächerlich, ihr Cocktail-Würstchen. Ihr gebt sicher jetzt schon auf, stimmt's?"

„Der spinnt wohl!", ruft Lisa.
Aber Kai findet, dass die Aufgabe kein bisschen schwer ist. Der war ja auch beim Kinderzirkus in den Osterferien!
Wir bauen eine Pyramide. Die Größten und Schwersten müssen sich auf den Boden knien und bilden den Sockel. Leider gehöre ich auch dazu. Darüber kommen die etwas Dünneren. Das sind natürlich Stella und Nelly!

Nelly sucht auch das Lied aus. Sie will, dass wir „Wie schön, dass du geboren bist" für Stella singen. Diese kleine Schleimerin! Ich brumme nur ein bisschen vor mich hin, weil wieder die Kröte in meinem Hals sitzt.
Nach dem Lied wird der erste Schatz geplündert. In dem schwarzen Beutel steckt für jeden ein Tattoo von einem Hirsch und ein riesig langer Weingummi-Wurm.

Den nächsten Brief findet Lisa. Er hängt an einem Fußballtor, das auf einer kleinen Lichtung steht.
Wir schauen Lisa erwartungsvoll an. Ihre Stimme ist ganz zitterig, als sie ihn endlich vorliest:

*„Ihr Großmäuler glaubt wohl, ihr könnt
Fußball spielen! Aber nicht im Dunkeln, ihr
Blindschleichen!
Auf geht's zum Elferschießen! Ich stehe im
Tor. Jeder hat einen Schuss. Vier Treffer sind
insgesamt verlangt."*

Erschrocken schaue ich zum Tor. Da steht
plötzlich ein schwarz gekleideter Mann mit
einem meterlangen Bart. Gruselig sieht der
aus! Er muss sich dorthin geschlichen haben,
als Lisa vorgelesen hat.
Lisa klammert sich an mir fest. Der Mann lacht

ganz laut und unheimlich. Er wirft uns einen Fußball zu.

„Na, ihr Angsthasen, jetzt habt ihr wohl die Hosen voll!", ruft er. „Was ist nun, traut ihr euch etwa nicht, zu schießen?"

Linus leuchtet den Grusel-Menschen mit der Taschenlampe an. Sein ganzes Gesicht ist voller Bart. Dazwischen funkeln ein paar kleine blaue Augen.

„Na gut!", ruft Linus ihm zu. Er schnappt sich den Ball und versenkt ihn mit Karacho im Tor. Ich muss zugeben: Das war ein richtig guter Schuss. Der Waldschrat hatte keine Chance. Er fängt laut an zu fluchen.

Die meisten unserer Schüsse gehen ins Tor.
Gut, dass ich im Fußball-Verein bin. Auch mein
Schuss ist unhaltbar für diesen Bart-Mann. Er
verschwindet fluchend wieder im Wald. Im Tor
hat er den zweiten Schatz hinterlassen: einen
Beutel voller Überraschungseier.

Als wir weiterziehen, verliere ich den Anschluss
zu Stella und ihrer Mutter. Dafür ist Linus
plötzlich wieder neben mir.
Ich laufe extra ein bisschen schneller. Doch er
hält Schritt. „Ob es in diesem Wald Wölfe gibt?",
fragt er mich. Dabei mustert er mich mit seinen
leuchtenden grünen Augen.

„Quatsch", antworte ich. Das hat mir gerade noch gefehlt! Ich will keinen Wolf und ich will auch keinen Linus an meiner Seite.
Ich gehe langsamer und hoffe, ihn auf diese Weise loszuwerden.

Zuerst bemerkt Linus gar nicht, dass ich weg bin. Ich schleiche mich an den äußersten Rand des Weges. Dort warte ich, bis alle an mir vorbeigezogen sind. Stella, Nelly und Stellas Mutter kann ich nur noch in der Ferne erkennen. Da bleibt Linus plötzlich stehen und blickt sich um.

Ich gehe noch ein Stückchen weiter vom Weg
ab, damit er mich ja nicht entdeckt.
Und dann passiert es.
Der Boden unter meinem rechten Fuß gibt
plötzlich nach. Ich rutsche auf ein paar Blättern
aus und kugele einen steilen Abhang hinunter.
„Hilfe!", rufe ich, so laut ich kann.

Meine Kleider und Haare sind voller Blätter.
Die anderen hören mich nicht. Sie sind schon
zu weit weg. Außerdem kreischen sie selber
ständig herum. Sie glauben, der Waldmensch
verfolge sie. Aber vielleicht ist der ja auch
irgendwo hier in meiner Nähe!

Gruseliges Schnauben

Ich pflücke mir die Blätter aus den Haaren und
sehe mich vorsichtig um.
Da höre ich einen zweiten lauten Hilfeschrei.
Und dann landet eine Blätterwolke neben
mir. Eine Art Wirbelsturm, der mit Getöse die
Böschung herunterkommt.
Es ist Linus. Schnaufend klopft er sich die
Blätter vom Pulli.
„Was machst *du* denn hier?", frage ich.
„Dasselbe könnte ich dich fragen!", antwortet
er. „Ich wollte nur sehen, wo du bleibst. Ich
wusste ja nicht, dass du mich in eine Falle
lockst!" Linus sieht ganz schön wütend aus.

Seine grünen Augen blitzen mich an.

„Das ist keine Falle!", rufe ich entrüstet. „Ich wollte dich einfach nur loswerden. Und dann bin ich abgerutscht."

Eine Weile schweigen wir muffig vor uns hin. Dann versuchen wir, den Abhang wieder hochzuklettern. Wie zwei Hamster in der Badewanne klettern wir gegen den Berg an. Doch wir kommen keinen Meter von der Stelle. Der Abhang ist viel zu steil und zu rutschig.

„Auf den Weg da oben kommen wir wohl nicht mehr zurück", bemerkt Linus. „Und hier unten geht es auch nicht weiter."

Linus hat recht. Hinter uns ist die matschige Steilwand. Vor uns liegt eine Lichtung.

Sie ist mit Gestrüpp und kleinen Tannen zugewuchert. Selbst wenn wir uns da durchschlagen, kommen wir bestimmt nur weiter ins Niemandsland hinein.

Irgendwie tut es mir leid, dass ich vor Linus flüchten wollte. Und ich bin sogar froh, dass ich ihn nicht so schnell losgeworden bin. Sonst wäre ich jetzt ganz alleine hier unten!

Linus hat sich neben mich ins Laub gesetzt. Er guckt ganz unglücklich. Fast habe ich ein bisschen Mitleid mit ihm. Dabei sitzen wir doch beide in der Patsche.

„Lass uns schreien!", schlage ich vor. „Dann können die anderen uns vielleicht hören und kommen uns retten."

Linus zählt leise bis drei. Dann hallt ein Hilfeschrei durch den Wald, der selbst Rotkäppchens taube Oma aus dem Bett geworfen hätte.

Aber nichts passiert.

„Vielleicht sind sie schon zu weit weg", sage
ich. „Schließlich weiß ja keiner, an welcher
Stelle wir verschwunden sind. Wenn sie
überhaupt gemerkt haben, dass wir nicht mehr
da sind."
Wir schreien noch einmal. Da hören wir ein
Rascheln und Knistern ganz in der Nähe.
Irgendjemand kommt durch das Gestrüpp auf
uns zu. Oder irgendetwas!

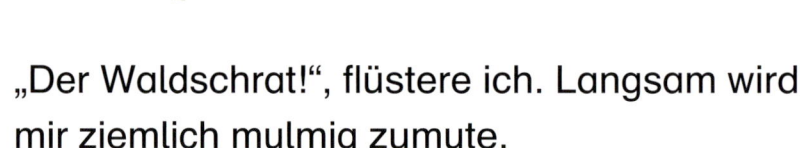

„Der Waldschrat!", flüstere ich. Langsam wird
mir ziemlich mulmig zumute.
Wir trauen uns nicht, unsere Taschenlampen
einzuschalten. In der Dämmerung sieht es so
aus, als wenn sich etwas in unsere Richtung
bewegt.

„Ein Wolf!", flüstert Linus und rückt ein
Stückchen näher an mich heran.
Jetzt bin ich sogar *sehr* froh, dass er bei mir
ist. Sicher hat er genauso viel Angst wie ich.
„Quatsch! Wölfe sind viel zu selten. Vielleicht
ist es ein Wildschwein", antworte ich mit
zittriger Stimme.
Gerade will ich mich beruhigen und Linus
erklären, dass Wildschweine eigentlich gar
nichts tun. Und dass sie viel ängstlicher sind
als man selbst. Dass sie nur böse werden,
wenn sie Babys haben. Und dass man sie dann
nicht reizen soll. Dass man auf gar keinen Fall
Panik bekommen und wegrennen darf. Weil
sie viel schneller sind als man selbst.

Da ist Linus auch schon mit einem Satz aufgesprungen. Er hat seine Schuhe in den Abhang gerammt und seine Finger wie Krallen tief in den Matsch gebohrt. Und er schafft es tatsächlich, die Böschung ein Stück hochzuklettern.
„Komm! Schnell!", ruft er mir zu.

Mir bleibt nichts anderes übrig. Ich ramme meine Hände und Füße ebenfalls tief in den Matsch. Aber ich rutsche wieder ab.
„Halt dich hieran fest!", ruft Linus. Er ist inzwischen oben am Weg angekommen und hält mir einen langen, dicken Ast entgegen.
Ich wage einen letzten Blick hinter mich. Neben einem Strauch ist ein großer, dunkler

Schatten, der sich ganz langsam bewegt. Wie ein schwer atmendes Wildschwein.

„Komm schon! Du schaffst das!", feuert Linus mich an.

Mein Herz klopft laut. Man kann es bestimmt im ganzen Wald hören. Entschlossen greife ich nach dem Ast. Doch auch so komme ich nicht richtig von der Stelle. Meine Füße rutschen immer wieder ab. Und meine Hände brennen von der rauen Rinde. Hilfe, ich hänge zwischen Himmel und Hölle! „Ich kann nicht mehr!", rufe ich verzweifelt.

„Halte durch! Ich versuche, dich zu ziehen!",
ruft Linus. Mein ganzes Gewicht hängt jetzt an
ihm. Ich höre es stöhnen und schnauben. Und
ich hoffe, dass das Linus ist – und nicht das
Schwein.

Linus schafft es tatsächlich, mich und den Ast
hoch auf den Waldweg zu zerren. Dort setzen
wir uns auf den Boden und sind völlig außer
Puste. Wir hören uns selbst beim Atmen zu
und schauen den Abhang hinunter. Inzwischen
ist es so dunkel, dass man gar nichts mehr
erkennt. Doch wenn wir kurz den Atem
anhalten, können wir es immer noch knacken
und rascheln hören.

„Gut, dass Schweine zu dick zum Klettern
sind", sagt Linus.

Ich sage ihm nicht, was ich alles über Wildschweine weiß. Dazu bin ich viel zu erschöpft.
Ich sage nur: „Danke."

Linus und ich

Als unser Atem wieder etwas ruhiger ist, holen
wir unsere Taschenlampen aus den Hosen-
taschen. Wir leuchten damit im Wald umher.
„Weißt du noch, in welche Richtung die
anderen weitergegangen sind?", will Linus
wissen.
„Nicht so ganz genau", gestehe ich. „Sollen wir
nicht lieber zum Haus zurückgehen? Wer weiß,
wie weit sie schon weg sind."
„Gut. Aber in welche Richtung geht es zum
Haus?", fragt Linus.
Ratlos stehen wir im Wald herum.

Da fragt Linus plötzlich: „Warum wolltest du
mich eigentlich loswerden vorhin?"
Ich finde, Linus hat eine ehrliche Antwort
verdient. „Weil ich nicht will, dass alle denken,
wir gehören zusammen. Nur weil wir fast
denselben Namen haben", erkläre ich.
Linus nickt. „Ach so", sagt er.
Mit einem Mal hören wir in der Ferne unsere
Namen: „Linus, Linn! Linn, Linus, wo seid ihr?"
Es sind ganz viele, die das rufen.
Und ich finde, dass es sich gar nicht mehr so
schlimm anhört. Linn und Linus. Das klingt wie
zwei Abenteurer. Zwei, die kein Wildschwein
auseinanderbringt.

Dann sehen wir die anderen mit ihren Taschenlampen. Vorneweg kommt der Waldschrat auf
uns zu. Er hat seinen Bart abgenommen und
ist in Wirklichkeit Stellas Papa.
An seiner Hand läuft Stella. Sie weint. Und als
sie uns sieht, weint sie noch mehr. Sie kommt
mir entgegengelaufen und nimmt mich in den
Arm.
„Wo warst du?", schluchzt Stella mir ins Ohr.
„Ich bin einen Abhang runtergefallen und Linus
hat mich gerettet", sage ich.
Ich drehe mich zu Linus um. Er schaut auf
den Boden und ist ein bisschen rot geworden.
Soweit ich das in der Dunkelheit und durch die
Sommersprossen hindurch erkennen kann.

Stella wischt sich die Tränen aus dem Gesicht. „Ich dachte schon, ich habe meine beste Freundin verloren", sagt sie.
Bei Stella zu Hause müssen Linus und ich von unserem Abenteuer erzählen. Nelly will noch einmal ganz genau wissen, wie Linus mich vor dem Wildschwein gerettet hat. Dabei schaut sie ihn mit demselben Blick an, mit dem sie auch Stella immer anhimmelt.

Fast werde ich schon wieder ein bisschen eifersüchtig. Aber dann beruhige ich mich. Schließlich wurde ich gerettet und nicht sie. Und schließlich hat Stella wegen mir geweint und nicht wegen ihr.

Wir bauen unser Lager für die Nacht auf. Nelly will unbedingt neben mir liegen! Sie fragt mich sogar, ob ich ihre Po-langen Haare zu einem Zopf flechten kann. Damit ihre Locken nachts nicht durcheinandergeraten.

Ihre Augen leuchten, als ich „Na gut" sage.

Vielleicht himmelt Nelly ja jeden so an, wie sie Stella und Linus anhimmelt. Vielleicht ist das ihre Art zu gucken, denke ich. Oder sie bewundert mich wirklich. Vielleicht, weil ich ein bisschen zu Linus gehöre, in den sie ein bisschen verliebt ist. Wer weiß das schon so genau?

Vor dem Einschlafen erzählen wir uns noch
eine ganze Zeit lang Grusel-Geschichten.
Linus macht ein Wildschwein nach. Er
schnaubt und grunzt und wir alle kreischen.
Allerdings kreischen wir unter unseren Decken,
damit Stellas Eltern nichts davon hören.

Als die meisten schon schlafen, beugt sich
Nelly zu mir herüber. Sie flüstert: „Linn. Bist du
noch wach?"
„Was ist denn?", frage ich zurück.
Nelly druckst ein bisschen herum. Dann fragt
sie ganz, ganz leise: „Willst du in der Schule
wirklich den Platz mit mir tauschen?"

„Nein, war nur Spaß", antworte ich.
Frau Erbse würde sowieso nicht erlauben,
dass ich wieder neben Stella sitze. Und
eigentlich finde ich es neben Linus auch ganz
gut. Aber das braucht Nelly ja nicht zu wissen.

Hallo!
Ich bin Luna Leseprofi. Mit meinem
Ufo fliege ich durch das All.
Wenn ich lande, ist großer
Lesespaß angesagt.
Ich bin immer auf der Suche
nach neuen Lese-Freunden.

Finde die Antworten auf die
6 Fragen und fliege mit in meine
Internet-Welt mit vielen spannenden
Spielen und Rätseln.

Leserätsel

1. Wie möchte Linn nicht heißen?

T: Leonie

K: Linn

G: Lena

2. Warum denkt Linn gern ans Wochenende?

U: Da muss sie Stella nicht sehen.

A: Da macht sie mit ihren Eltern eine Nachtwanderung.

E: Da ist Stellas Geburtstag.

3. Linus fährt ...

P: ... Mountainbike.

R: ... Waveboard.

K: ... Einrad.

4. Macht Linn das Orangentanzen Spaß?

Z: Nein, sie muss mit Linus tanzen.

N: Nein, sie mochte es noch nie.

F: Ja, sie gewinnt dabei sogar.

5. Linus hat keine große Angst vor ...

E: ... dem Waldschrat.

L: ... der Dunkelheit.

R: ... dem Wildschwein.

6. Warum wollte Linn Linus loswerden?

T : Weil Linus ein feiger Angeber ist.

M: Weil Linus viel zu viel redet.

N : Weil alle denken, sie beide gehören
    zusammen.

Lösung: __ __ __ __ __ __

Hast du das Rätsel gelöst?
Dann gib das Lösungswort unter
www.LunaLeseprofi.de ein.
Hole deine Familie, deine Freunde
und Lehrer dazu. Du kannst dann
noch mehr Spiele machen.
Viel Spaß! Deine Luna

Sonne, Mond und Sterne

2./3. Klasse

Für Spürnasen: Was stimmt hier nicht?

Kirsten Boie
Sonne, Mond und Sterne – 1./2. Klasse
Kann doch jeder sein, wie er will
ISBN 978-3-7891-0663-7

Sabine Ludwig
Sonne, Mond und Sterne – 2./3. Klasse
Leo und Lucy – Ein klarer Fall?
ISBN 978-3-7891-0654-5

Robins Brieffreundin Alex interessiert sich nur für Fußball und Technik. Aber Mädchen mögen doch Ballett und Rosa, oder?

Wer hat das goldene Feuerzeug gestohlen? Lucy glaubt nicht, dass Robert der Täter ist. Gemeinsam mit Leo sucht sie den Dieb.

Oetinger

Mit Lesespielen im Internet. Lesepatenmodell für Lehrer und Eltern.
www.LunaLeseprofi.de und **www.oetinger.de**